창조문학대표시인선 · 205

몽당붓 향기

한희정 시집

창조문학사

□ 시인의 말

몽당붓에 먹을 찍으며

사랑의 장대비가 뼛속을 흠뻑 적시던 날 들풀에 매달린 물방울을 유심히 바라보았습니다. 맑고 여린 물방울이 무거운 하늘을 통째로 그것도 거꾸로 매달고도 해맑게 웃고 있었습니다.

삶을 멈추고 듣는 것이 시이고 시는 인간의 영혼으로 하여금 말하게 하는 것이라고 어느 시인은 말했습니다. 그러하듯 삶을 노래하는 시인이 되고자 어둠 속에서 탈피에 탈피를 거듭하였습니다.

그리하여 제 스스로 울음을 터뜨릴 수 있는 시인이 되었을 때 그 어떤 날 보다도 기쁜 날이었습니다. 목소리는 비록 작지만 맑은 영혼을 가지고 또 다른 영혼들을 만나기 위해 여행길에 오릅니다.

동반의 걸음에서 첫 시집 "몽당붓 향기"가 세상에 빛을 볼 수 있게 상처와 치유의 방법을 일러주시고 향기로운 삶의 길잡이가 되어주신 새롬교회 이훈식 목사님과 고려대학교 이학영 교수님께 진심으로 감사드리며, 창조문학사 홍문표 사장님을 비롯한 임직원 여러분께도 감사의 말씀을 드립니다.

2012년 9월

임호산 기슭에서 한희정

□ 서문

걸림 없는 바람이 되어

시인 류복희

녹파 한희정 시인의 첫 시집 『몽당붓 향기』의 출간을 진심으로 축하한다.

자연과 사람, 그리고 이념이 함께 잘 어울려질 적에 기도하는 마음 같은 시상과 공감되는 것을 너무도 잘 아는 시인은 조경이라는 전공의 기반 위에서 자연을 벗 삼은 서정적 주류의 시 한 편 한 편들이 삶을 달관 해가듯 저 밑 가슴에서 평정을 이루었다.

때론 바보처럼 때론 해맑은 아이처럼 순수하다가 더러는 선정에 든 선인처럼 산과 바다를 떠돌고 초원을 내달리기도 하며 연신 뜰채를 휘둘렀던 식감들을 시적 자아로 펼쳐놓았다.

시인의 시제는 난해한 시류를 벗어나 자연주의적인 정서를 노래하고 사물과 공감할 수 있는 풍경화처럼 시적인 감성을 의로운 관심과 따스한 시선으로 하여금 어렵고 지친 이들을 위로하는 영혼의 치유를 담은 시집이라 하겠다.

하늘을 열어 가는 걸림 없는 바람이 되어 가장 멀리 자유롭게 비상하는 시인이 되길 기원한다.

몽당붓 향기

한희정 시집

| 차 례 |

몽당붓 향기

제1부 달리는 추억

제2부 함께 걷는 산책

제3부 징검다리를 건너서

제4부 햇살은 꽃을 피우고

제 1 부
달리는 추억

새벽 찻잔

상큼하게
바스락거리는 녹나무 찻잎이
찻잔에 몸을 풀고
어둠을 녹인다
뜨거운 마음이
오월의 수채화
맑은 물감으로 번지면
입술 촉촉이 젖는 향기가
새벽녘
마실 나간 추억을 데리고 돌아와
창가에 머문다.

식영정

뒤돌아보지 않고 달려온 삼백 리 길
한양의 벗들과 함께한 식영정
소나기도 잠시 멈춘 시간
휘영청 달빛 솟아 벗들을 반기는구나.

고즈넉한 산등성에 자리 잡은
정자 마루
달님은 송백 지엽(枝葉)에 얽히고
바람은 수줍어 미소 짓네.

구름과 달, 바람
선인의 풍류를 노래하고
자연의 경이를 노래하니
광주호마저 감동의 물결이다.

새벽 달빛은 호수에 숨어들고
풀벌레 소리
우리들의 가슴
시 한 수로 젖어드네.

보청 세심정(洗心亭)에서

산기슭 외딴 정자
배흘림기둥으로 홀로 서보니
걸어온 길 아득하여라.

팔도강산 그 어느 곳에
나그네 쉼터 한곳 없으랴마는
여기 쉬어 갈 인연
마음 둘 자연 있어 좋아라.

구름은 동쪽으로 흐르고
이끼 낀 수묵 바위
묵은 낙엽
산새 지저귐조차
마음을 씻어주는 여유가 된다.

저물녘 호수는
억겁 허물을 물비늘로 쏟아 내고
은빛 웃음 가득하다.

무척산을 오르며

설화를 간직한 암자
푸릇한 나뭇가지 사이로
아래를 굽어본다.

끝없는 기도가 이어지는
해동제일 보은의 기도가람
모은암은
면벽 중이고

수로왕릉 물길 끊어
채워진 천지(天池)에는
수로왕을 통천(通天) 캐 하던 산세가
신기를 마신 듯
산그늘로 드리워져 있다

수많은 이야기가 오갔을
연리지 소나무
달콤한 밀어에
길손들도 발걸음을 멈춘다.

바람 따라 구름 따라
옛이야기처럼 펼쳐진 낙동강
철길도
강도
남쪽으로 흐른다.

회전 등의자

피로가 어둠으로 밀리며
빈자리를 내미는 시간
어머니 품에 안기듯
등줄기 흰 좌면에 자리를 잡는다

결가부좌(結跏趺坐)
똬리를 틀고서
어서 오라 손짓하던 기억

이곳 둥지를 틀던 날
어머니의 시린 그늘이
회전목마의 기억으로 돌고 돌았다

자주색 엷은 웃음이
보름달처럼 마음을 훤히 밝히던 모정
살아 있는 자의 목 뜨거움이
한 줌 소망으로 스며들 때

이미 오래전 물기 마른 가슴
전설이 된 의자에
어머니와 함께 앉았다.

해운대

에메랄드 물빛 남해를 열고
갯바람에 묻은
남도(南島) 소식에
미소 짓는 푸른 나무들

동백섬 산그늘
갈매기 울음으로 부서지는
파도처럼
연인들의 속삭임이
모래톱에 쌓이는
금빛 해변

바람에 구름 가듯
수많은 인파가 떠나간 저녁
몸을 풀은 어둠이
정다웠던 흔적들을 하나하나 지워갈 때
그리움으로 젖는 바다

사랑이 그리운 날은
내 발자국에 네 발자국을
포갤 수 없는 사유가
살 밑에서 하얗게 울먹이는
해변이 보인다.

석굴암

토함산 소나무
화랑의 말굽 소리로 자란
기상이 높다.

겨레의 돌 화강석
명장의 혼 불사르니
석상의 위용은 법열의 모습
신라의 숨결로 흐르고

동해바다
어둠을 밝히는 광명
중생 구제 천여 년

보리심 얻은 소나무마저
보살의 미소로
천상의 문을 연다.

담양을 돌아보며

담양읍 감아 도는 관방제림
흐르는 강물은 쉼 없고
제방 둑 수목군단 사백 수령 앞에
그늘 찾아 나선 노인네는
칠십 인생 회고하네.

오솔길로 이어진 언덕
골기와 팔작지붕 면앙정이 거기 아니던가.
시대의 강호제현 송순은 어디 가고
하풍의 여심만이 추녀 끝에 나부끼고

다시 찾은 송강 자취 세 칸 정자
죽녹정 고쳐서 송강정이라 이름 하니
사미인곡 속미인곡 송강가사 산실 되고
대사헌 벼슬 무상함을 노송만이 새기고 있네.

자연경관 수려해서 명옥헌
신선사상 구현코자 중도연못 만들어서
자미나무 적송 심어 선비자태 이어오니
이곳이 오이정의 무릉도원 아니던가.

휘영청 달빛 솟은 식영정 정자 마루
풍류로 지새는 달빛을 노래하니
깊은 밤 고요만이 가슴에 숨어드네.

소쇄원 죽림에 양산보의 심성이 배어나고
제월당에서 비 갠 하늘
광풍각 바람을 맞이하니
담양의 향기는 한 폭의 수채화로다.

남도 여행길에서

일상에서 벗어난
남도 여행길
파도에 파닥이는 햇살로
멈추지 않는 배 멀리

노란 원추리 꽃이 피어 있는
아름다운 섬 하나
기암괴석의 절경만큼
이끼 낀 고뇌를 보았고

높고 넓은 하늘과
맑고 푸른 바다를 송두리째
가슴에 담았던 시간
하늘의 높이와 바다의 깊이를
홀로 잴 수가 없었다.

다산초당 길목
비자나무 숲 틈에서
솟아나는 샘물에 목마름을 축이고
하늘 담은 비류 폭포에서
속세의 욕심 씻으니

빈자인 나그네는
모든 세상의 혼을 담은 비밀
천일각에서 만났다.

농장 가는 길

푸른 기상
드높은 장송의 기품 아래
보청 세심지(洗心池) 작은 연못
조용히 마음을 씻는 자리

햇살이 젖은 심성을 말리고
바람이 티끌을 쓸어 간 자리
단풍나무 붉은 웃음 가득하다.

맥문동 좁은 잎이
그리움으로 서성일 때면
잔디밭에
마실 나온 묵은 바람이 홀로 뒹군다.

곡선 지붕 오두막 집
박새가 둥지를 틀고 간 화사석에
그늘로 앉은 느티나무
속 깊이 결리는 그리움 하나가
나를 쳐다본다.

가덕도 어항

도시의 저편
바다를 사이에 두고
갈매기 나는
가덕도가 있다.

동해와 남해 물이
만나는 바닷길
긴 여로의 격정을 달래며
서로가 부둥켜안는 곳

항구로 들어오는 어선
만선의 기쁨으로
뱃고동 울릴 때마다
하얗게 퍼지는 물거품은
내항의 꽃이다

가덕도 어항
낡은 고깃배 정박하고
산그늘 깊이 내리니

노을 진 서편 방파제에
강태공마저
물고기로 뛰어오른다.

땅벌

화정리 산 80번지
산 주인은 분명히 한희정이다
그런데도
땅굴을 파서 집을 짓고 사는
땅벌이
주인 행세를 한다

토지임대료도
건축허가도
토지사용 승낙도 받지 않은
불법침입자

눈에 불을 켠 초병이
무단 침입자를 알리는 순간!
사생결단의 총공격
열여섯 발의 벌침을 쏘아댔다

초토화된 인간
불꽃처럼 벌겋게 열이 달아오르고
생과 사의 경계가 무너진 전율

땅벌은 주인이고
인간은 침략자

약육강식으로 지배되는 세상이지만
애당초 정해진 주인이 없었던 대지에
너도 주인 나도 주인
알고 보면 우리가 모두 주인이네.

예취기

일자 눈썹 예취기
웡웡 울부짖는 칼날에
잡초의 꿈이 산산이 부서진다

푸른 청초의 꿈들이
별빛을 모으고
결실을 채우기 위해
바람을 잠재우던 언덕

닥치는 대로 토막 내는
광기 앞에
그루터기만 남은 생명

속세의 간섭에도
소용없는 윤회의 굴레
훙건한 풀 비린내 속에서
인내의 눈금이 뚜렷하다.

가을

황금 들녘은
농부 발걸음에 귀 열고
참새 떼 소리에
여물어 간다.

칠월의 뙤약볕
거센 태풍까지 견딘
황금 웃음

봄을 초록으로 지켜내고
여름 내내 푸름으로 채웠다가
수확의 계절
배부름으로 꿈꾸는 시간

새떼 쫓던 허수아비도
곳간 농심 가득함에
소맷자락 바람에 흔들며
길손에게 시 한 수를 읊는다.

겨울

허연 입김을 토해내며
윙윙 울고 있는 바람

백설 같은 천일염이
바다의 깊은 맛을 우려내듯이
하얀 첫눈이
정든 얼굴로 하나하나씩 쌓인다

길 없는 길
침묵으로 덮여 있을 때
추억을 밟으며 걷는 길에
다시 내리는 눈

매화나무 가시에 찔린
하얀 눈꽃에는
그리움이라는
설국의 상형문자가 새겨져 있다.

임 떠난 자리에

바람도 길을 묻는
작은 오두막 집
어둠이 불 밝히면

겨울바람은
산사나무 붉은 열매 속으로 모여들고
베어진 그루터기에
나이테로 남은 그리움은
숨어드는 달빛이 된다.

흔적조차 남김없이 사라진
임의 발자취
침묵으로만 남은 공허함 끝에서
홀로 선 그림자
옹이진 마디마디가
마른 뼈처럼 보인다.

잔상

의지할 곳 없는 세월
제대로 살지 못해
실눈으로 바라보는 여명

도시를 훤히 밝히고도 남을
열정 속에서
그만 얼어 버린 가슴

바람처럼 시간이 날아갔어도
눈높이만큼의 세상에서
감성의 주파수를 잔뜩
시상(詩想)에 맞추다 보니
햇살 뒤에 숨은
또 다른 내 모습만 어른거린다.

시어를 잡으려

시어(詩語)를 잡으려고
안개 낀 산길
출렁이는 바다
강둑을 내 달리며
나를 찾았지만
온통 갈대밭뿐이다

발걸음을 따르는 낮달
노을 속 슬픔처럼 가슴에 묻을 때면
해 종일 핑 돌던 눈물
방향을 잃었다

때론 햇살처럼
때론 바람처럼
잡힐 듯 잡힐 듯하면서도
잡히지 않는
멀고도 가까운 비밀한 억양뿐

발맞추어 가던 걸음이
비틀대는 내 눈까풀 속에서
숨 가쁜 호흡이 된다.

추억의 고개

갈티 고개를 넘는다.
일제 강점기에 개설된 이 길은
아직도 비포장도로
들풀이 푸른 융단을 깔았다

어린 시절
소를 몰고 꼴을 먹이러 다녔던 곳
감자 무지 해서 먹고
자치기 하던
추억의 그 길을 다시 걷는다

기억 속의 아기 소나무는
망개나무 버팀목이 되었고
굴밤나무는 높이 자라
청설모 놀이터가 되었다

역동하는 푸른 숲
찾는 이의 발걸음 전설처럼 누웠고
어름 덩굴 열매는
기억을 채우며 익어 간다.

아이 생각

햇살 좋은 날
눈이 부시어 마음마저 환한 날
논둑을 따라가다가 머문 눈 끝에 달리는 추억
뽀족뽀족 키 크기 경쟁하는 삐삐가 참이슬 이고 섰다.

삐삐이슬에서
찾아낸 그 아이 얼굴
햇살만큼 밝았고
이슬처럼 맑았고
들풀같이 청초했었지
삼월의 바람이었고
칠월 계곡물이었으며
시월의 은행잎이었던 그 아이

한 줌 삐삐를
부끄러워하는 내 손아귀에
꼭 쥐여주면서 생긋이 볼웃음 짓던 그 아이

지금쯤
같은 하늘 아래에서
들숨과 날숨 열심히 왕복하는
삐삐 아줌마 되어 있겠지.

할머니 손끝에서

감나무 잎 붉게 물든
고향 집 뜨락
할머니 손끝에서 가을이 열린다

풀 물들었던 손
감물이 드는 날

흘러온 세월만큼
굵어진 손마디에 얹힌 둥근 감
깎고 굴리고 다듬어 내미는 속살에
주황색 웃음이 보인다.

단장하고 매달린 감
잘게 썬 바람이 부채질할 때마다
가을 풍경소리는
정성만큼 깊어 가고

햇살이 마실 간 사이
곶감을 매만지는 할머니 손끝은
도시로 간 자식의
무탈을 소원하는 붉은 향기가 된다.

소달구지

시골 자갈길
덜컹거리던 소달구지엔
가을이 실렸다

풍성한 결실만큼
땀이 밴 하루
엄마 소 발잔등 부었다고
송아지도 곁에서
한몫을 한다

벼 그루터기에서
서성이던 바람도
아이 재잘거림으로 달려와
동화 속에 그림이 된다

계절의 아쉬움에
가지 꼭 붙들던 나뭇잎 하나
워낭소리에
달구지 속으로 날아든다.

반딧불이

시골의 여름밤은
온통 반딧불이의 축제
멍석에 누워서
불빛을 헤아렸다

별을 세어보듯 헤아리다
헷갈리면 다시 또 세어도 보고
그러다가 지치면
꿈나라 먼 여행을 홀로 떠났다

반딧불이 불 밝혀서
공부했다던 옛이야기가
어머님 품으로 안기던 시간
나는 백마를 탄
동화 속 주인공이 되었다

어두운 밤이면
더욱 빛나서
고향 집 이정표로 반짝이던 춤사위
지금은 하얗게 부서지는
기억입니다.

제 2 부
함께 걷는 산책

산에는

산에는 보이지 않는
소리가 요란하다
바위틈에서 꽃봉오리 터지는
생강나무 열정에
진달래꽃 미소가 정겹고

꽃 바람에
연분홍 치마 살랑이는
산등성이
붉은 웃음이 소복하다.

계곡 따라 저마다 자리 잡은
봄날의 환희가 물빛으로 흔들리면

간밤에
노루가 자고 간
덤불 속 낙원에는
꿈속을 밝히던
달빛이 아직도 숨어 있다.

해반천 산책길

이슬에 젖은 들풀들이
눈인사 나누는 아침
물잠자리 한 마리 허공을 연다.

철 지난 양귀비 꽃
외로운 풀 섶에 기대어
거친 숨을 고른다.

덤불 수북이 우거진
징검돌 다릿목에
물살을 거슬러 오르는 피라미 떼
물비늘로 솟고
소금쟁이 질세라
하늘 닮은 동심원을 그린다.

앞서거니 뒤서거니
날 따르는 그림자
들바람의 길을 열어준다.

천문대 가는 길

엊저녁 내린 비로
오솔길 곡선문양이
흐르는 실개천을 닮았다.

산모롱이 돌아
청설모 마중 나오는 계곡
푸른 이끼 돌 틈에서
속삭이는 들꽃.

숨이 찬 굽이마다
솟아나는 땀방울을
산바람에 식히며
걸어온 길 뒤돌아본다.

길손을 손짓하는
산막 쉼터에서
진한 커피 향에 시상을 담그니
뜸 북새 울음 따라가던 길이
바람에 누웠다.

가야의 거리

구지봉과 고분군을 잇는
겨레의 숨결이 고여 있는
가야의 왕도
역사의 거리

말발굽 소리는
아직도 신어산 바람으로 들리고
단아한 숲에는
잃어버린 이름들이 잠들어 있다.

구릉에 자리 잡은
나지막한 고분군
금관가야의 생활상이
수천 년의 침묵으로
누워 있고

구산서 발원한 가야의 문화가
왕도를 따라 이어진
해반천의 냇물은
오직 신화만을 기억하며 흐른다.

매화나무

굵은 밑둥치에
동공(洞空)으로 이는 바람 속
칠월에 잉태한 화아(花芽)가
눈꽃 부스럼으로 부풀었다.

깊어가는 연민을
속살로 감추고
혹한(酷寒)의 상처 속에서도
곱게 피어 올린
하얀 웃음
생살이 아프다.

숲 속의 노래

풀벌레 소리가
가슴 깊은 곳까지
몰고 온 어둠

바람에 끊길 듯 끊길 듯
이어지는
낮은 음계

또르르르 또르르르

노래인지 울음인지
살금살금
달빛 밟고 오는 소리.

한가한 오후

시골 동네
물놀이 터에
멱 감으러 나온 개구리 가족들
물장구에 신명이 났다

돌 틈을 휘감고
떨어지는 하얀 물줄기
도란도란 웃음소리
온 천지가 다 환하다.

한껏 데워진 햇살
일광욕을 즐기는 개구리 엄마 곁에
퐁당거리는 새끼 개구리들

물줄기 따라
더위가 미끄럼을 타는 오후
햇살이 꽃자리에 눕듯
나도 구름을 베고 누웠다.

여름 계곡

계곡 물소리에
때죽나무 둥근 열매를 맺고
시린 매미 소리
숲 속 바람을 깨우니
바람마저 그네를 탄다.

돌무더기 틈으로
가는 발 길게 뻗은 서어나무
짙은 그늘
이끼 낀 바위가 자리를 비워준다.

물줄기 미끄럼 타는
여울마다
도란도란 흐르는 계곡물이
가슴 밑을 간질이고 간다.

작은방 풍경

창문을 열고
간혔던 시간을 굴러내니
명주 같은 햇살
창틀을 타고서 조심스레 내려온다.

네모난 액자 속
푸른 하늘이 열리고
굴밤나무
둥치를 붙들던 칡넝쿨
자귀나무 부채춤에 살랑거린다.

햇살 가득한 방
꽃 투정부리며 풍경화를 그릴 때
귀 시리게
들려오는 매미울음 소리가
밑그림으로 뜬다.

조릿대

돌담 밑에 푸른 조릿대
바람에 기대서서
밤도 잊은 채 속삭이고 있다.

여린 뿌리 옆으로 뻗고
줄기 마디마디 곧추세우며
바소꼴 조각을 새겼다.

풀도 아닌 나무처럼
나무도 아닌 풀 같은 모습으로
욕심을 비운 속내
속세를 떠난 걸음 같다.

이슬방울

풀잎에 맺히고
달빛에 젖는
투명한 이름
바람 한 점 들어설 틈 없는
고요한 정원
수련 잎에 내려앉은
비밀부호.

빈 둥지

싱그러운 여름밤
어미 새의 동화 이야기를 듣다가
하늘을 이불 삼아 꿈나라로 떠났던
노란 할미새 둥지

때죽나무 흰 꽃불 아래
여린 풀잎 쪼아서
소유의 구분 없는
주름진 산기슭
낮달도 발걸음 멈추던 숲 속이었다

낙엽 지는 계절
서둘러 떠난 빈자리
바람 소리만
깊은 사유에 빠져 있다.

낙엽

갈바람마저
뒤척이는 시간

산 능선
골짜기마다
채색된 산그늘

형형색색
빛바랜 동색이
하나가 되고

가지 끝에 붙들린 낙엽
바스락거리는 신음
모두가 화려한 반란이다.

단풍

가을은 벽이 없어
자유롭게 넘나들다
기와지붕에도
담장에도 뜰에도
내려와 앉았다

원앙새 고운 날갯짓 하듯
색동옷 갈아입은 춤사위
명암을 드리우는 햇살 앞에
방금 그려낸 선명한 채색화

시로
그림으로
더는 표현 못 할 정점에서
흠뻑 적은 동공

저리도 붉고
저리도 노란
저마다의 색깔로
물든 눈물.

신어산의 가을

가을 신어산은
화려한 물결로 출렁이고
기암괴석에
쐐기를 박고 자라는 상수리나무는
돛단배 돛을 펼친 듯
산세의 신비 그 자체다

달마가 놀다 간
신어동천 은하사에는
인도의 옛
아유타국 문화를 오롯이 간직하고
하늘과 맞닿은 키 큰 소나무는
육가야 전설을
마디마디 풀어내고 있다

바람도 구름도
머물고 가는 동천에
푸른 언약 지키지 못하는 낙엽수들의
조용한 침묵
사위가 온통 핏빛이다.

분산

순정의 불꽃을 태우듯
속내를 더는 감추지 못하고
토설하는 붉은 여심

속세의 개울을 지나
초연(超然)의 비밀을 간직한 색채
혹독한 열정으로
산등성이마다
타오르는 불꽃

푸름의 집착을
계절의 아픔으로 태우는
바람의 다비식.

해동 용궁사를 나서서

한 가지 소원은 들어준다는
해동 용궁사를 나서서
송정으로 가는 길
개발로 터전을 내어주고 잘려나간
삶의 그루터기들이
언 땅을 움켜잡은 시간

봄을 기다리는
쪽파밭에
사방으로 둘러 처진 그물

거미줄에 걸려든 매미처럼
갇혀버린 공간에
발길을 멈춘다

용궁사 화두의 계단이
동해의 신기로 이어지려면
보살행의 보시가
날마다
연비(燃臂)로 태워져야 한다.

문탠로드를 걸으며 1

달맞이 언덕 소나무 길
아찔한 산비탈에
키 큰 해송들이
긴 세월을 온몸으로 버티고 서 있다.

거북 등 같이 갈라진 껍질
켜켜이 쌓인
세월의 흔적을 볼 때마다
바다 또한 멍이 들었나

솔 내음 같은 그리움
바다에 그림자로 드리우면
석양의 둥근 해가
잔잔한 물비늘로 솟는 바다

노을로 흐르는 갈매기 울음이
달빛을 찾아 나설 때
산그늘 깊어지고
사스레피나무 햇살을 내려놓는다.

문텐로드를 걸으며 2

미포와 청사포를 잇는
숲 속의 둘레길
마음을 촉촉이 적시며
발길 따라 걷는 달이
하나의 그리움으로 걸리면
동해선 기차는
추억으로 달리고
아름다운 파도소리
상큼한 솔 내음은
임께서
밟고 오는 달빛이 된다.

액자 속의 가야산

기암괴석 틈새에
기대고 앉은 소나무가
삼매경에 빠진
골짜기마다
안개가 자욱하다

고원(高遠)의 비경(秘境)이
흐르는 물줄기
하얀 물거품을 이루며
유영(遊泳)한다

아득히 먼 풍경 따라
숨결을 가다듬는 하늘가에
기러기 날고
추억을 뒤로한 강물은
낮은 곳만 찾는다.

산은 산이요
물은 물이로다 라는
어느 고승의 깨달음이
한 폭의 액자 속
풍경으로 앉아 있다.

갈잎

지나간 시간을
둥글게 말고 있는 나뭇잎
햇살 한 줌
바람 한 줌 꼭 쥐고서
고개를 든다

흐르는 강물을 보며
어디론가 떠나야 할 시기임을
빛깔로 그려낸 몸짓

먼저 떠나간 임
행여 만날 수 있을까
애태우는 연정
보기만 하여도 아픈
네 뒷모습이다.

겨울 자귀나무

스산한 바람이 부는 날
전설의 고향을 연상하듯
잠자는 모습이 귀신을 닮았다고 해서
붙여준 이름

낮에 피었다가 밤에 합쳐지는 꽃잎
부부간에 사랑이 멀어지면
창가에 심어놓고
금실이 좋아지길 빌었다던 나무

칠월의 화려한 춤사위는 어디로 가고
콩깍지 씨앗주머니만
나목에 달고
달가닥 달가닥거리는 소리가
아낙네의 수다 같아라.

고향 집 대나무 숲

밤새 쌓인
하얀 눈밭에 말없이 누운
세 칸 오두막은
동화의 나라.

사위는 고요한 데
푸른 댓잎 시샘하던 백설이
이불처럼 하얗게 덮은
뒤 안의 대나무 숲

휜 등줄기에 핏발 선 대나무
무게를 감당치 못해
수척해진 아랫도리지만

속 희고 겉 푸른
비움의 미학
군자의 청청(淸淸)함이
대숲 바람으로 불고

빗장 열려 있는 우리 집엔
언제나 푸른 향기가
맑은 호롱불로 켜져 있다.

제 3 부
징검다리를 건너서

매미

결코 울음이 아니다.
오랜 세월에 침묵하다
땡볕에 쏟아내는
자지러지는 웃음이다.
짧은 한 시절
생의 매듭으로 기억해야 할
해답 없는 숙명 때문에
차마 울지 못하고
하늘 찢어지듯 웃는 것이다.

비

폭삭 내려앉은 하늘
흐느낌 같은 비가
나를 깨우고
들녘의 풍경을 깨운다.

산모롱이 돌아서
사랑이 머물던 언덕
맨발의 기억을 밟으며 온다.

동동 호수에 조롱박 띄우고
시 한 수 안주 삼아
흥에 겨워 부르는 노래

세상의 모든 시름
한 잔 술에 담긴다.

별

어둠 속
밀어로 반짝이는
속삭임

잠들지 못하는 바다에
출렁이는 이정표요
숲 속 사이 길
반딧불이의 눈 맞춤이다

풀벌레 소리마저
적막한 밤
호수에 쏟아지는 꽃잎.

유년의 추억

들풀에 맺힌 이슬
줄무늬 바지에 꼭 달라붙어
아침 햇살에 젖던 곳

꽉 낀 검정 고무신
책 보자기 속 필통 딸랑거리며
잠자리 채 휘젓던 들녘은
메뚜기처럼 뛰뛰던 놀이터였다.

다슬기 잡던 덕천강에
굵은 빗방울이 곰보강 만들 때면
소등줄기 미끄럼 타던 빗방울은
돌다리를 먼저 건넜고

해지는 줄 모르고
뛰놀던 개구쟁이들
굴뚝마다 모락모락 연기 피어오르면
배고픔 한 줌 삼킨 얼굴마다
반짝이는 호롱불이 켜졌지.

덕천강

지리산 정기를 머금은
어머니 숨결 같은 물
바위틈을 지나
깊은 골짜기를 만들며
흐르는 세월처럼 그렇게 흘렀다.

물이 조각한 암석의 풍광
억겁의 세월 속
그저 낮은 곳만을 찾아
앞만 보고 그렇게 흘렀다.

지천이 머금은 생명
다시 돌아올 수 없는 곳으로
떠나는 길목마다
새겨 둔 이름

서로 다른 물줄기로 시작한
덕천강 양단 수
못다 한 천연한 그리움을
돌아볼 사이도 없이
눈물처럼 그렇게 흘렀다.

서호 호수

강나루가 있는 호수
임 태운 돛단배
속세의 인연들이
유람을 한다.

수백 년 전 어느 위정자가
자연의 섭리를 거역한 채
만들었던 호수에는
숱한 애환이 서린 듯
안개가 자욱하다.

희미한 안갯속으로
살며시 모습을 드러낸 중도
외로움에 지친 몸을
부르르 떨고 있다.

철새마저 떠나버린 겨울
가무를 즐기던 정자 마루에는
사랑의 전설만이
앙상한 나뭇가지 사이로
아련히 피어오른다.

폭포

낮은 곳으로 떨어지는
화려한 물줄기
물거품을 삼키며
수면으로 숨어든다.

선녀가 목욕했다는
전설이
무지개로 어리는 곳

세속을 떠난 짜릿한 전율
뼛속까지 씻어 내린다.

자연이 만든 경이로움
홀린 듯 사념에 젖다 보면
나도 폭포가 된다.

태풍은 청소부

태풍보다 힘센
청소부가 또 어디 있으랴?
폭우를 몰고 와서
큰길, 작은 길

굉음을 지르며
물대포를 쏘아대는 광기
닥치는 대로 휩쓸고 씻어가는
싹쓸이 청소부다.

하늘도 가끔은
미치고 싶은 가 보다.

십 리 화랑

십 리 화랑 길목에
서 있는 저 기암괴석 군단들
그리움에 속을 태웠는지
억새의 하얀 솜털만 날리고 있다.

신이 빚은 절묘함에
구름도 좌정(坐定) 하고
바람도 천상의 모습으로 변한다.
천수(天水)만을 먹고사는 저 소나무는
정녕 신의 정령인가.

녹나무 그늘서
갈길 잃은 나그네는
거대한 자연에 눈멀고
노래에 귀먹어
넋 놓고 바라보다
턱마저 빠져버렸다.

십 리 화랑 산수화
화가는 붓을 들고 또 들었지만
신령스런 산수에 붓을 빼앗겨
손바닥 화가가 되었다.

신의 지문으로 나타난 걸작
나그네는 대자연에 엎드렸고
화가는 무모하게 흉내 내다
말을 잃었다.

기억 하나

소죽을 끓일 때
몰래 넣어두었다가
찾지 못한 계란이
소 여물 속에서 빼꼼
얼굴을 내민다
소가 웃고
내 배가 웃고
하늘도 웃었다.

아버지

논과 밭을 터전으로
아버지의 아버지가 물려준
땅을 일구시며
당신 일가 이루셨다.

훤 칠한 키에
흰 고무신과 중절모
두루마기 즐겨 입고
팔 남매를 기르신 그 모습
위풍당당한 턱수염을 쓰다듬으셨다.

농사철이면
암소고삐에 우직한 기상을 얻어
쟁기로 갈고
쓰레질로 땅을 고르며
경운기 없이도
발걸음 소리 하나로 농사를 지셨다

육신을 녹이시는 질곡을
막걸리 한잔으로 세상 시름
다 잊고 사셨던 어른.

지금,
이역만리 피안에서도
그 옛날 암소의 고삐를 잡고
흥을 돋우고 계시겠지?

어머니

뙤약볕에도 콩밭 매시며
손마디 굵어진
팔십 여년 긴 역정

호롱불 켜 놓고
무릎 닳도록 길쌈하시며
울어대는 문풍지 찬바람 속에서도
베틀에 앉아 삼베를 짜셨고

제대로 허리 한번 펴지 못한 세월
눈물이 진주 되어
넓고 깊으신 가슴에
한숨으로 달렸다.

막막한 어둠이 드리워도
가냘픈 몸 심지 삼아
오직, 내리사랑의 불을 밝혔던
어머니! 그 아름다운 이름이여

비탈길 타던 자식
섭섭함이 앙가슴에 고였던가?
잔기침 소리에도 그만 멍이 드신다.

감히
하늘 보기가 민망한 까닭에
입술을 자근자근 씹어도
아프지가 않다.

율동

신발장 옆
홀로 쪼그리고 앉아 있는
화강석 조각품
절구통에
율동이란 이름을 붙여주었다

하늘색
연두색
주황색으로 채색된
곡선들이
서로 박자를 맞추더니

휘모리장단
용트림 속
삼색 삼형의 몸부림이
하늘로 비상할 것 같아

조각가는 일찍이
화강석에 나무쐐기를 쪼아 넣었다.

애증

낡아 빠진 세월이
한낮 대로변에 버티고 서서
걸어온 길
되돌아가라 한다

실상과 허상 속에
제 피를 끓일 때
가슴 저편 밑바닥에서 말없이
흐르는 애증

울컥 이는 그리움이
노란 슬픔으로
가슴에 번질 때

시작과 끝이 어딘지 모를
미움과 사랑이
몸서리치며 눕는 하루가
너무 무겁다.

이룰 수 없는 당신

우리가 첫 번째 만났던
금정산성
당신은 돌이었고
나는 나무이었다.

우리가 두 번째 만났던
가야공원
당신은 상행선이었고
나는 하행선이었다.

우리가 세 번째 만났던
마실 찻집
당신은 바다이었고
나는 갯바람이었다.

뼈 마디마디
그리움으로 새겨진 이름
이젠 나는 속으로 운다.

산그늘 길어질 때

오래전 햇살을 피해
바닷가로 내려온 산그늘이
더욱 길어진 시간

갈대 속을 파고든 바람이
하얀 속살을 비울 때
냉기로 가득 찬 어둠 속
달빛도 방향을 잃었다.

하얀 솜털을 날리며
모두 흔적 없이 떠나간 자리에
찬 서리 내리고
추위를 담금질하는 바닷가
누군가 혼자 울고 서 있다.

흔들리던 시간

삼백예순다섯 날
메아리로 맴돌다가
이제 막 돌아와
노을로 젖는다.

고독은 산그늘보다 더 길어지고
단풍잎 뒤흔드는
갈색 바람처럼
끊임없이 흔들리는 내 마음

날개 잃은 천사처럼
그저 주저앉아야만 했던 현실 앞에
자꾸만 도망치던 희망이
이젠 알몸으로 서성인다.

빗소리 들을 수 있을 때는

새벽녘에 내리는 비가
어둠을 씻듯
팽나무 연노랑 단풍잎을 씻으며
창가에 서성인다.

빗속에 등불 하나가
시인의 시상을 꿰뚫고 나온 듯
붉빛 앞에 파르르 떨고 있다

흐르는 소리는
흐르는 것만 기억하는지
부딪치는 파열음 속에서
비로소 듣는 내 안에 소리

가장 낮은 곳에서
가장 낮은 자세로
귀 뚫린 자 되었을 때
들려오는
아득한 저편의 이야기들.

적송(赤松)

푸른 잎에 가려서
속마음을 볼 수 없었던 소나무
바람 불고
낙엽 지니
찬란하게 다가선다

칼바람이 불어와도
백설이 뒤덮여도
푸름을 켜켜이 쌓아온
드높은 기상

여유로운 웃음으로
온 몸으로 받아들이는 기개 앞에
둥치를 타고 내리던 바람이
각질로 남아 있다

천년을 흘러도
초심으로 남은
붉은 선홍색 적송은
빼어난 선객(仙客) 이어라.

보살 마음

동그랗게 엮은
염주 타래
청아한 선방
연으로 알고
불가에 귀의 한 면벽의 시간
모두가 부처라는 깨달음을 얻었는가
자애의 꽃으로 피어나는
삶의 희망이
시방세계에 여문다.

쑥 차에 취하고
녹색 심성으로
젖은 중생
부처의 마음
알 것도 같건만
그림자는 저만치 서 있네.

꽃무리 한 아름

진하고 상큼한 장미향으로
연(緣)을 키운 심성
모락모락 피어나는 향불의 향연처럼
온몸 살라 기도하는 열정이 너에게로 향한다.

오대양 육대주를 시상에 담고도
넉넉한 가슴 남아 있기에
오대양 하나 열어 너의 창공 열어 주고
육대주 하나 열어 꽃 한 송이 피운다.

연노랑 장미 웃음 입가에 피어나고
프리지어(freesia) 노란 입술 수줍음 속
무리지어 피어나는 수국
때 이른 국화송이 자만에 취해있다.

인류의 생존과 번영은 지각과 추론
진실한 사랑은 몸 밖에 있고
진정한 예술은 세상 밖에 있는데
너의 진리는 교정 안의 봄과 함께
내 주위를 맴돌고 있다.

자갈치 시장

꼼장어 굽는 냄새가
후각을 내려치는 자갈치 어시장
경상도 아지매의 구수한 사투리가
마중을 나온다

어서 오이소 예!
고기 사이소 예!

저물녘 어물전에
생선을 흥정하는 사람들
밥상의 풍경이
지갑 속에 매달리고

비릿한 냄새가
질퍽한 가슴 속에도
숨바꼭질한다

두 다리를 반쯤 잃은 문어를
매만지는 아낙은
반값의 가격으로 아픔을 달래고 섰다

바다를 잃은 생명
돌아갈 꿈을 접고 가판대에 누워
떠나 온 고향 생각에
차마 눈을 감지 못하고 있다.

제 4 부
햇살은 꽃을 피우고

몽당붓 길라잡이

필봉의 묵향이
창문을 타고 넘어
뜰 안에 가득하다

십장생
오우가
사절우중에서도
군자의 필우는 송(松)이 으뜸이라

몽당 필봉 기개에
하늘과 산
바위와 강 위에 기러기 날고
노송은 조용히 설산에 잠긴다

몽당붓 대궁
봉수대의 거친 불꽃으로 타오를 때
필법은 날개를 펴고
어제의 설움을 달랜다.

졸참나무 열매

노을 속으로 떨어지는
둥근 열매

한여름 땡볕에도
푸른 털모자 꾹 눌러쓰고
배꼽을 드러내며
밝은 세상을 꿈꾸었던 너

계절의 끝자락
나뭇잎 붉게 태우다
모수(母樹)의 낙엽이불 겹으로 덮고

눈보라 거센 바람
겨울의 목마름까지 견뎌내며
싹 틔울 생명
숲 속엔 오늘도 영원한 진행형
윤회의 사랑이 있다.

실화상봉 녹차나무

푸른 잎 흔들림만으로도
바람의 서성임을 안다

애써 태연하게 버티고 서서
이산가족 상봉하듯
열매와 꽃이 만나
울다가 미소 짓는 나무

꽃봉오리가
가는허리 꼭 붙들고 있는 것은
바람에 흔들리기 때문이 아니라
온몸을 파고들어 마음마저 달군
가을 햇살 때문이다

검게 익은 열매가
떨어지는 것은
견딜 수 없는 제 무게 때문이 아니라
시작보다는 끝이 더 향기로운
고운 만남을 알기 때문이다.

수석

한 마리 학이
소나무 구름무늬 좌대에 앉아
깃털을 고르고 있다

정지된 시간을 홀로
가꾸어 온 너는
언제나 그리움이다

동백기름 엷게 바르고
시간의 물살에서도
침묵으로 날개를 접은 공간

하늘 처음 열리던 날에
큰 울음이 긴긴 고요로
멈춰서 있다.

멸치

한 때는 드넓은 바다를
엄마 품처럼 뛰놀던
등줄기 검은 멸치
몸에 서린 욕망을 애써 감춘
은빛 빛깔이다

고래의 물살에도 두려움 없이
깊고 깊은 푸른 바다
무리지어 살던 그리움이
젖은 눈빛에 담겨 있다.

매운 저녁노을처럼
태양초 양념에 잘게 버무려진 멸치
저문 바다 향내가 되어
밥상에 오르면

식도를 타고
포만감으로 채워질 때마다
먼바다의 얘기들이
자꾸 웃음으로 쏟아져 내린다.

포도주

낭송하는 시인의
휘감은 감성이
술잔을 채울 때면

절반을 비우고도
깊은 속내를 드러내지 않던
자강불식(自强不息)
마음을 환하게 밝힌다

채워진 둔탁함과
비워진 맑음이
목어와 법고를 울리듯
저마다의 이성을 깨우고

한울림의 바람을 타고 넘은
숙성된 포도 향은
기성과 신인을 얼싸안은
고향 집 향수

채우고 비우고 또 비우고 소통하며
뛰는 심장이 모두 하나가 될 때면
세상은 온통 붉은색이다.

고가구

네모진 테두리
매화나무 꽃 피우니
산비둘기 구구 울고
참새가 날아든다

곧은 창살 십자 무늬
여닫이 문짝에
호랑나비 경첩이 날개를
달았다

볼록한 배
투박한 가야의 생활상이
천 년의 숨결로 묻어 있고

과거와 현재의 은은한 울림
빛나는 호흡으로
손때 묻은 연륜을 세고 있다.

욕조

겨우 몸 하나 가름할 수 있는
작은 공간에
몸과 마음을 담았다

따스한 물결이
부끄럼에 깊이를 재며
기복 있는 감정을 붙잡아 맨다

검게 때 묻은 살결
노동의 땀방울을
얼룩진 손으로 하루를 씻어낼 때

움키면 움킬수록 빠져나가던
따스한 기쁨이
뼛속까지 스며든다.

경첩

겁에 질린 아이처럼
문짝을 꼭 붙잡은 앙가슴
허리를 펴고 접을 때마다
음양의 조화

질기디질긴 생명 하나가
부대껴도 부대껴도 닳아지지 않는
슬픔을 여닫아 주며
인연의 고리로 붙잡혀 있다.

다리미

두꺼운 가슴
밋밋한 평발의 모습
서른다섯 패인 자국
때 묻은 시선이 보인다.

온몸을 녹이는 열정으로
움츠린 육신
골 주름을 활짝 펼 때마다

올곧은 길
돌아보지 않는 여유가
거기에 있다

시든 꽃송이에 생기가 돌 듯
꾸겨진 기억 꼿꼿이 세우면
잔주름 같았던
미움도 슬픔도
윤기나는 환한 언어가 된다.

항아리

배가 볼록한
질그릇

소금 바다를 담고
들녘의 나락을 담고
숙성의 시간
언제나 임산부처럼
고운 숨을 고른다

다 채우지 않아도
늘 포만감에 빠져 있는
무언의 언어
비우고 채움의 깨달음
경전이 따로 없다.

콘크리트 못

외로웠겠구나.
비명도 지를 수 없었을
깊이 박힌 가슴
죄목도 모르는 아픔을
침묵으로 견딘
은빛 둥근 머리
황금 벽지에 외롭게 핀 꽃.

솟대

공이라는 강원도 사투리가 정겹다
소나무 가지 한가운데
부푼 혹 주머니는
부엉이 울고 간 뒤 생긴 방귀 주머니

뒤틀려 집도 못 짓고
하찮고 쓸모없는 공이가
솟대의 주인공이 되었다

가지는 몸통
거친 피부는 날개가 되어
나무 끝에 앉은 새
우주를 향한
비상의 꿈을 멈출 수가 없다.

어느 워크숍에서

낡은 이론에
장밋빛 부푼 꿈만 잔뜩
소낙비 내리쏟듯
퍼붓고 가는 언변가

비평과
반론은 제쳐놓고도
눈길조차 마주하지 않으려는
그들의 술어가 화려하다

낡은 시설물을
부수고 새로 고치어
잠자리가 편해졌다 하더라도
더는 무엇 하나 더 변할 수 없는
장벽 앞에 그들만의 오만

질곡에 빠진 수인(囚人)이
황금 귀걸이
황금 목걸이를 걸고
한 뼘 공간을 활보한들
자유로울 수 없듯이

해묵은
그 아버지에 그 아들
그 나물에 그 밥 앞에
창의력 혁명이 다 무엇인가.

창문 살짝 밀었더니

방충망 사이로
들이치는 빗물
쉬이 잠 못 이루는 아내는
베개를 부둥켜안고
이방 저 방 맴돌다
창가 침대에 잠이 들었다.

곤히 잠든 모습
튀는 빗방울에 젖을까 봐
창문 살짝 밀었더니
귀뚜라미 놀랬나?
귀뚤귀뚤
잠 깊이 들었으니
가만두라 한다.

풍경이 머무는 호수

분명히 낯선 곳인데도
언제인가 한번은 와 본 듯한 풍경
잇몸이 간지럽다

호수를 가득히 안은
안갯속
들뜬 걸음

얼음을 녹이는 데
적정 온도가 필요하다는 듯
언 가슴을 풀어놓는
개울물은 소리가
저만치 먼저 달려간다

발걸음 소리가
심연으로 깊이 빠지는 시간
반짝이는 기억 하나가
호수로 뛰어든다.

석류

부끄러움에
고개 숙인 모습마저
예쁜 너

둥근 가슴에
청초한 그리움 알알이 박혀
사랑으로 싹틀 때
바람으로 묻어가던 유혹

사랑의 부피를 견딜 수 없어
껍질을 뚫고
내미는 붉은 속살은
내 그리움의 꽃불놀이.

포도

바닷가 포도밭
하늘을 향해, 바다를 향해
줄지어 서 있다

알알이 맺힌
가지마다
노을이 붉게 탄다

그리움과 눈물의 되새김질 끝에
꿈으로 자란
당도 높은 열매

가슴에 고인
말 못한 그리움들이
검게 익은 포도향기는
달콤한 첫사랑의 입맞춤이다.

호박꽃

돌담길 옆에
길게 뻗은 무성한 줄기

못다 이룬
그리움을 모두 모아서
한꺼번에 피어올 린 꽃

성성한 꽃 주름
광대한 황금 빛깔은
한낮 태양의 궁궐이다

호박벌 앞다투어 날아와
노랗게 취해 버리면
달콤한 웃음소리
한여름을 지켜내는
꽃 중에 꽃이다.

제비꽃

기억을 더듬으며
먼 남국에서 돌아온 제비처럼
봄바람 끝에서 피어올 린 꽃

밋밋한 잎자루
바람에 상처 날까 봐
다섯 꽃잎 꿰어서 매달은
쌈지 주머니

산자락 바위틈에서
고깔 쓰고 수줍게 피어난 사연
뙤약볕으로 영그는
황금 구슬이다.

금낭화

돌무덤 옆 금낭화 몇 그루
명주바람 불어오면
소달구지 자갈길 지나가듯
복주머니 흔들며 휘어진 등줄기

황금꽃가루 가득 담은 유혹
밤하늘 샛별로 비추다가
아침이슬로 맺히면

죽어도
당신만을 따르겠다는
꽃말로 움켜잡은 가슴.

능소화

작은 틈새마다
흡반으로 세월을 잡고
담장 너머 그리움
많이도 울먹였을 모습
봄철 내내 가슴앓이 하다가
터지는 설움
가지마다 피어 올린
한여름을
뜨겁게 태우는 사연.

가슴에 묻었던 불씨들

-한희정 시인의 「몽당붓 향기」를 보고-

이 훈 식
「시인 · 서정문학 발행인(전)」

녹파 한희정 시인의 첫 시집 「몽당붓 향기」 이 풍성한 수확이 기다려지는 때에 오랫동안 준비해 온 시집을 가을의 첫 열매처럼 이 세상에 내놓을 수 있게 됨을 먼저 축하드린다. 물질이 모든 삶의 절대적 가치요 절대적 목적으로 회자하는 현실에서 시를 쓴다는 것은 어떤 의미가 있을까? 시인 하이데거는 시인이란 〈언어라는 도구를 사용하여 존재의 집을 짓는 건축가〉라고 말을 했다. 어쩌면 물질이 현대인의 신앙처럼 되어버린 작금에 우주와 자연 그리고 우리의 인생을 남다른 예리한 시각과 통찰력을 가지고 언어라는 도구를 사용하여 내면화시키는 창조 작업이야말로 가장 참다운 영혼의 자유라고 얘기해 보고 싶었던 것은 아닐까? 녹파 한희정 시인의 작품을 보면 천진무구한 심성과 정서가 투명한 시어가 되어 우리의 가슴을 적시게 한다. 도시화되고 산업화 되어가는 메마른 시대에 때 묻지 않는 감성을 별처럼 꽃처럼 간직할 수 있었다는 것은 삶이라는 녹녹치 않은 여정속에서 욕심내지 않고 살아온 여유로움이 시어를 통해 아름다운 빛과 향기로 승화된 까닭이리라. 알고 보면 시라는 것도 결국 자기 눈높이만큼 밖에 쓸 수 없음을 안다. 한희정 시인의 작품은 감탄사나 자기 고백으로 이어진 포장된 시어들이 아니라 삶과 자연이 가져다주는 애환과 그 깨달음을 소박한 시어들로 꾸밈없이 그려내고 있다. 문장이 부드럽고 대중적이며 이 세상에 존재하는 모든 사물과 그 인식된 가치를 자기만의 경험과 지식을 가지고 내재화시키고 있음을 본다.

제1부 달리는 추억에서 보면

한희정 시인은 자연과 인간을 같은 무게로 놓고 소박한 정서로 노래하고 있음을 본다. 꽃과 강, 나무, 산, 그리고 그리움과 사람을 아프면 아픈 대로 그리우면 그리운 대로 그 많은 세월을 안으로 되새김질한 숙성된 감성과 시각을 가지고 일상에서 놓쳐 버리기 쉬운 것들의 의미를 재창조하여 시라는 새 생명으로 탄생시키고 있다.

뒤돌아보지 않고 달려온 삼백 리 길
한양의 벗들과 함께한 식영정
소나기도 잠시 멈춘 시간
휘영청 달빛 솟아 벗들을 반기는구나.

〈식영정 중에서〉

소쇄원 죽림에 양산보의 심성이 배어나고
제월당에서 비 갠 하늘
광풍각 바람을 맞이하니

담양의 향기는 한 폭의 수채화로다.

〈담양을 돌아보며 중에서〉

삶이란 소유가 많고 적음에 있지 않고 주어진 환경 속에서 작은 것에도 기쁨을 찾아내고 그 기쁨에 감사할 수 있다면 그게 바로 행복이다. 시인은 창조라는 산고의 아픔이 있어도 그 행복을 맛보기 위해 시를 쓰는 것이다. 무신론적 실존주의 작가였던 사르트르는 인간은 원래 결핍의 존재이며 그 결핍을 벗어나기 위해 어떤 대상에 대한 지향성을 가지게 된다고 했다. 한희정 시인은 어떤 사물에 관념적인 사고에 머물지 않고 유유자적 자연을 벗 삼으며 희로애락에 연연해하지 않는 시적 자아를 그려내고 있다. 〈보청 세심정〉 〈남도 여행길〉 〈석굴암〉 〈해운대〉 등의 시들이 같은 호흡 속에서 인간 근원에 대한 그리움과 애정을 보여주고 있다.

이미 오래전 물기 마른 가슴
전설이 된 의자에
어머니와 함께 앉았다.

〈회전등의자 중에서〉

화정리 산 80번지
산 주인은 분명히 한희정이다
그런데도
땅굴을 파서 집을 짓고 사는
땅벌이
주인 행세를 한다.

〈땅벌 중에서〉

시는 은유요 함축이라고 하지만 지상의 유일한 시간과 공간 사이 철저히 자기를 인식하며 끝없는 연민을 화자 삼아 투명한 시어로 담아낼 수만 있다면 문학의 효용론을 굳이 따질 필요가 없다. 이영지 시인의 말처럼 시를 사랑하고 시 쓰기를 즐겨 한다면 바로 그 사람이 시인이다. 〈추억의 고개〉 〈아이 생각〉 〈할머니 손끝에서〉 등의 시들을 보면 향토적인 시어를 가지고 순수한 감성을 들어내고 있다. 사실 시는 시적 경험이 어떤 절실함과 충돌했을 때 순간적으로 터져 나오는 비명인지도 모른다. 몸담고 사는 이 세상에서 인식되는 사물을 애정을 가지고 한 번쯤 되돌아볼 수 있는 시간을 갖는다는 것은 인간 근원에 대한 물음이요 대답일 수도 있다. 한희정 시인의 시에서는 유년시절의 기억들이 꽃이 되고 나비가 되며 일상의 체험 속에서 얻어진 시어들이 높낮음이 없는 어린아이의 순박한 웃음으로 다가오고 있다. 일상의 느낌과 사유가 오랫동안 침전되어 있다가 어느 날 세상 밖으로 뛰쳐나온 담백한 언어들이 참으로 신선하다.

제2부 함께 걷는 산책

시가 어두워져 가는 세상에 소망의 등불이 되고 방황하는 영혼에 위로가 될 수만 있다면 신이 채우지 못한 공백을 충분히 채우고도 남으리라. 제2부의 시들은 인연의 줄로 꽁꽁 묶인 함께 몸 비비고 살아온 유년의 얘기들과 고향의 그리움을 다양한

스펙트럼으로 풀어내고 있다. 심리학에서는 유년의 기억을 퇴행으로 보는 시각도 있지만, 시에서는 아름답던 유년의 기억들은 순수하고 때 묻지 않았던 동경의 심상이다. 우리는 누구나 마음속에 품고 있는 그리움과 선망의 대상을 가지고 있다. 그러나 그 그리움과 그 선망의 대상을 표현할 때 한희정 시인은 밝고 어둠, 높고 낮음의 이분법 사고가 아니라 순리를 따라 바라보던 보편적 시각으로 연과 연 사이 행과 행 사이에다 푸른 생명을 불어넣고 있다. 그래서 같은 소재라 해도 사람의 얼굴 생김새가 다 다르듯이 작가마다 그 문향이 다를 수밖에 없다.

간밤에는
노루가 자고 간
덤불 속 낙원에는
꿈속을 밝히던
달빛이 아직도 숨어 있다.

〈산에는 중에서〉

구산서 발원한 가야의 문화가
왕도를 따라 이어진
해반천의 냇물은
오직 신화만을 기억하며 흐른다.

〈가야의 거리 중에서〉

한희정 시인은 특히 자연과 고향〈가야〉에 대한 애정이 남다르게 깊은 시인이다. 현대인들이 무언가 늘 쫓기듯 살아가며 자기를 잃고 인간의 존엄성마저 잃어가는 세태 속에서 의식의 깊은 뿌리인 고향의 정서를 통해 자연과 그리움을 시로 다듬어

내는 것은 어쩌면 만족스럽지 못한 현실에 대한 역설인지도 모르겠다. 〈숲 속의 노래〉〈고향 집 대나무 숲〉〈여름 계곡〉〈빈 둥지〉 등의 시들을 보면 고향이라는 공간에 풀꽃 한 송이 돌멩이 하나까지도 거기 그렇게 있어야 할 이유를 알았을 때 그 존재에 대한 외경과 섭리를 말할 수 있었다고 고백하는 시들이다.

용궁사 화두의 계단이
동해의 신기로 이어지려면
보살행의 보시가
날마다
연비(燃臂)로 태워져야 한다.

〈해동 용궁사를 나서서 중에서〉

〈액자 속의 가야산〉〈분산〉〈조릿대〉라는 시들은 불교적 사유가 깃든 작품들이다. 불교적 사유라 함은 윤회라는 굴레 속에서 그저 살아갈 뿐인 우리의 인생을 덧없음으로 보는 것이 아니라 자아를 인식하고 탐구하고자 하는 구도이기도 하다. 우리는 나와 다르면 다른 것으로 받아들이지 못하고 나와 다르면 무조건 틀린 것이라고 먼저 생각을 한다. 색즉시공(色卽是空)은 공즉시색(空卽是色)이라는 세계를 잘 알지는 못해도 함께 공존하는 화해의 세계며 깨달음을 통해 마음이 열리면 만물이 불이(不二)가 아님을 아는 것이다. 한희정 시인의 시들은 지나간 시간이 가라앉은 기억이 아니라 내일로 향한 통로로 보며 늘 한발 물러선 자리에서 자아를 객관화시켜 놓고 있다.

제3부 징검다리를 건너서

산문과 달리 짧은 구성으로 이어지는 시가 우리들의 깊은 감성을 찌를 수 있는 것은 같은 언어를 사용하면서도 은유와 함축을 통한 자기만의 색깔과 작가 자신만이 그려낼 수 있는 상상의 무늬로 시어가 선택되기 때문이다. 제3부의 시들은 사물에 대한 작가의 인식과 인간에 대한 미묘한 감성을 결코 변색하지 않은 여유로운 기억으로 행간을 채우고 있다. 시는 심리적 공간이나 상상적 공간에서 붙박이 된 사유의 언어가 아니라 시인 자신의 내면에 잠겨 있는 관념들을 낯섦의 언어로 다시 말하면 그 정서를 육화(incarnation)시켜 문향으로 승화시키는 장르이다. 인간은 누구나 사랑이 있고 아픔이 있다. 창작할 때 그런 경험들이 모티브(motive)가 되어 연민으로 남은 잔영이 되고 그 잔영들이 살아나 시적 화자의 주제로 나타나는 것이다.

짧은 한 시절
생의 매듭으로 기억해야 할
해답 없는 숙명 때문에
차마 울지 못하고
하늘 찢어지듯 웃는 것이다.

〈매미 중에서〉

철새마저 떠나버린 겨울
가무를 즐기던 정자 마루에는
사랑의 전설만이
앙상한 나뭇가지 사이로
아련히 피어오른다.

〈서호 호수 중에서〉

막걸리 한 잔으로 세상 시름
다 잊고 사셨던 어른.

지금,
이역만리 피안에서도
그 옛날 암소의 고삐를 잡고
흥을 돋우고 계시겠지?

〈아버지 중에서〉

이 땅에 살면서 인간과 사물에 관한 관심은 우리들의 그리움의 실체이기도 하다. 위에 시들을 보면 어떤 소재에 외연적인 확대 해석이 아니라 소재가 주는 이미지를 원관념과 보조관념을 통해 미움도 슬픔도 그리움도 적당히 섞인 시어로 재창조해 내고 있다. 〈비〉 〈별〉 〈덕천강〉 〈기억 하나〉 〈애증〉 시들도 마찬가지이다. 한희정 시인의 작품의 특징은 질박한 언어로 사물의 이미지를 누구나 공감을 할 수 있는 정서로 군더더기 없이 연결하고 있음을 본다. 〈어머니〉 〈이룰 수 없는 당신〉 〈자갈치 시장〉 등은 상실된 시간. 불안전한 자아를 과거라는 시간 속에 두지 않고 회복하고 싶은, 채우고 싶은, 소망으로 연결 시켜주고 있다.

제4부 햇살은 꽃을 피우고

한희정 시인은 한 송이의 꽃을 보고 혹은 숲길이나 강가에서 만나는 나무를 보고 그 신비로움에 감격하여 가만가만 노래

부르는 시인이다. 이렇게 주변의 사소한 것들에게까지 시어로 포옹하려는 그 내면은 무엇일까? 아마 그것은 시적 대상에 관한 관심과 따뜻한 시선이고 사물의 본질과 그 의미를 자기화 시켜 보려는 접근법일 것이다. 비록 하찮은 존재일망정 더불어 살아가야 하는 우주적 사고의 발로이다. 요즘 시들을 보면 작가 자신도 그 의미를 잘 알지 못할 것 같은 난해한 시가 있는가 하면 싸구려 화장품으로 화려하게 분칠한 것처럼 미사여구만 잔뜩 늘어놓은 시도 다반사다. 근데 한희정 시인은 좀 어눌하고 세련되지 못한 표현이 분명 있지마는 덧칠하지 않는 따스한 시선, 싱싱한 웃음들이 상승적 이미지가 되어 우리를 뜨겁게 태우는 사연의 세계로 이끈다.

눈보라 거센 바람
겨울의 목마름까지 견뎌내며
싹 틔울 생명
숲 속엔 오늘도 영원한 진행형
윤회의 사랑이 있다.

〈졸참나무 중에서〉

외로웠겠구나.
비명도 지를 수 없었을
깊이 박힌 가슴
죄목도 모르는 아픔을
침묵으로 견딘
은빛 둥근 머리
황금 벽지에 외롭게 핀 꽃.

〈콘크리트 못 중에서〉

봄철 내내 가슴앓이 하다가

터지는 설움
가지마다 피어 올린
한여름을
뜨겁게 태우는 사연.

〈능소화 중에서〉

위에 시들을 보면 예리한 마음의 촉수를 가지고 대상의 외연만을 그대로 묘사하기보다는 리샤르의 말처럼 보이지 않는 존재의 본질을 찾고자 하는 즉 자연과 인간의 숨은 비밀을 포착하려는 노력이 돋보인다. 〈실화상봉 녹차나무〉 〈수석〉 〈항아리〉 〈다리미〉 〈금낭화〉 〈호박꽃〉 등의 시를 읽어보면 평상시 한희정 시인의 삶이 얼마나 환경친화적이고 토속적인 정서와 사고에 빠져 사는가를 알 수가 있다. 우리는 많은 관념과 허구에 시달리며 애증의 소용돌이 속에서 살아간다. 그런데 한희정 시인의 시는 간결하게 표현하면서도 거기에 내재시킨 순수한 잠언적 이미지가 정답게 손을 내밀고 있다. 시는 작가 자신이 살아온 의식이고 반응이다. 마음이 진솔한 생생한 시를 만난다는 것은 쉽지 않다. 마음의 창문을 통하여 만난 꽃 한 송이에서 위안을 찾아내는 시인, 심성이 여리고 투명해서 구석구석 흙냄새 물씬 풍기는 시인, 겸손의 자리에서 바람 소리에 귀 기울이며 사는 시인, 그 시인이 바로 녹파 한희정 시인이다. 시는 결국 사물과 대상을 언어라는 도구로 형상화하는 작업이다. 홍문표 시인의 말대로 시는 해석이 아니고 그 느낌이다. 그리스의 철학자 디오게네스가 대낮의 등불을 들고 다녔다는 일화는 어두운 세상에 참 빛의 그리움을 말한다. 한희정 시인은 현재에 만족하지 말고 외롭고 어두운 길에 가슴에 등불 하나 달고 사는 시인이 되기를 기원해 본다.

2012년 9월 8일 용인에서

한희정 시집

몽당붓 향기

2012년 9월 20일 인쇄
2012년 9월 27일 발행

지은이 한 희 정
펴낸이 신 용 호
펴낸곳 창조문학사

서울 서대문구 홍은동 397-26 동천아카데미 5층
등록번호 제1-263호
전화 02-374-9011 / FAX 02-374-5217

공급처 : 한국출판협동조합 전화 02-716-5619~9

값 8,000원
ISBN 978-89-7734-327-6